VENTE

du Vendredi 20 Mai 1910

HOTEL DROUOT — SALLE N° *172*

A 2 H. 1/2 PRÉCISES

EXPOSITION PUBLIQUE

Le Jeudi 19 Mai 1910

DE I H. ½ A 5 H. ½

TABLEAUX MODERNES

AQUARELLES — DESSINS — PASTELS

CADRES DORÉS

Mᵉ André COUTURIER

COMMISSAIRE-PRISEUR

Successeur de Mᵉ L. TUAL

56, Rue de la Victoire, 56

M. F. MARBOUTIN

PEINTRE-EXPERT

2, Rue de Marseille, 2

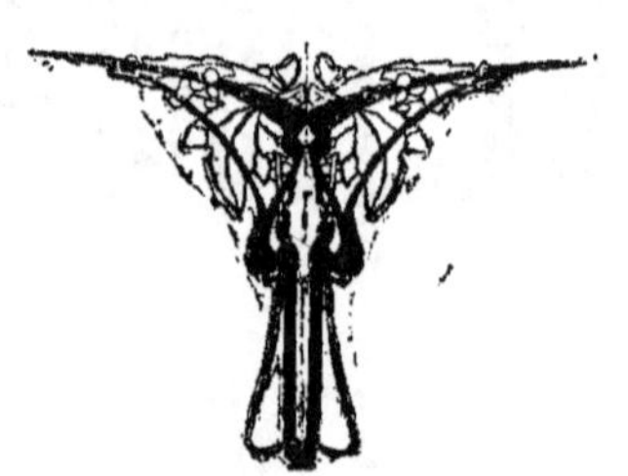

IMPRIMERIE ✳ ✳
C. CHAUFOUR ✳ ✳
8-10, RUE MILTON
PARIS ✳ ✳ ✳ ✳ ✳

CATALOGUE

DES

TABLEAUX MODERNES

PAR

BÉNASSIT, CABAT, G. COLIN, FALLER
FLAHAUT, GARRIDO, L. HERPIN, G. JEANNIN, KATCHENKO
LOIR-LUIGI, A. MARAIS, MEISSONIER
MONTICELLI, PICOU, L. RICHET, RICHTER, L. ROBBE
A. STEVENS, VERWÉE, J. WILHEMS, ZIEM, etc.

AQUARELLES - DESSINS - PASTELS

PAR

BASTIEN-LEPAGE, BOUDIN, CHÉRET, COLIN-LIBOUR
COROT, FALGUIÈRE, FRANÇAIS, E. GALLIEN-LALOUE
HARPIGNIES, HERVIER, RODIN, J. TRAYER
WARGOUTZ, ZIEM, etc.

IMPORTANT LOT DE CADRES DORÉS

DONT LA VENTE AURA LIEU

HOTEL DROUOT — SALLE N° 10

Le Vendredi 20 Mai 1910

A 2 HEURES 1/2 PRÉCISES

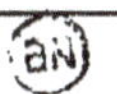

Me André COUTURIER	**M. F. MARBOUTIN**
COMMISSAIRE-PRISEUR	PEINTRE-EXPERT
(Successeur de Me TUAL)	
56, Rue de la Victoire, 56	*2, Rue de Marseille 2*

EXPOSITION PUBLIQUE

Le Jeudi 19 Mai 1910, de 1 heure 1/2 à 5 heures 1/2

CONDITIONS DE LA VENTE

Elle sera faite au comptant.

Les acquéreurs paieront *dix pour cent* en sus des enchères.

L'exposition mettant le public à même de se rendre compte de l'état des objets, il ne sera admis aucune réclamation une fois l'adjudication prononcée.

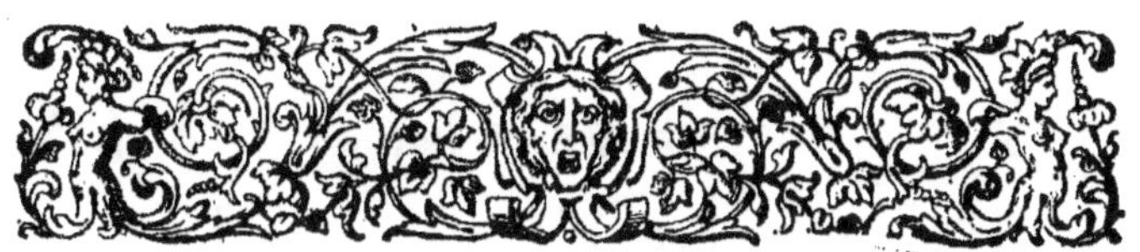

DÉSIGNATION

TABLEAUX

BARNOIN (H.)

1 — Paimpol.

BENASSIT (E.)

2 — Le Seigneur et l'Aubergiste.

BENASSIT (E.)

3 — Le Gué.

CABAT (L.)

4 — La Mare forêt de Fontainebleau.

CALVÈS (Marie)

5 — Chiens de Chasse.

CALVÈS (Marie)

6 — Un relais.

COLIN (Gustave)

7 — Sur les Côtes d'Espagne.

DE MARNE (J. L.)

8 — La Balançoire.

DIAZ (genre de)

9 — Baigneuses.

DIAZ (attribué à)

10 — Fleurs.

DUPRÉ (attribué à V.)

11 — Le Pont de bois.

FALLER

12 — La Chaumière, effet du soir.

FLAHAUT (R.)

13 — Soleil couchant, forêt de Compiègne.

FLEICHMANN (J.)

14 — Bords d'Etang.

FLICK

15 — Paysage.

GARRIDO

16 — Tête de femme.

HÉREAU (attribué à J.)

17 — Ane.

HERPIN (L.)

18 — Falaises à Mesnival.

INCONNU

19 — Tête d'homme.

ISAILOFF (A.)

20 — Canal à Venise.

ISAILOFF (A.)

21 — La place Pigalle.

JACQUE (genre de Ch.)

22 — A la Bergerie.

JEANNIN (G.)

23 — Nature morte.

JEANNIN (G.)

24 — Lilas dans un vase en cuivre.

JEANNIN (G.)

25 — Huîtres, homard et accessoires.

KATCHENKO

26 — Une plage de la mer d'Azoff.

LEMPEREUR (E.)

27 — Paysage effet de matin.

LOIR-LUIGI

28 — Coin de quai.

MARAIS (A.)

29 — Paysage en Normandie.

MEISSONIER

30-31 — Etudes de chevaux pour le « 1807 ».

MEISSONIMR

32 — Etude de cheval.

MEISSONIER

33 — Etude pour le tableau « 1807 ».

MIDY (L.)

34 — Jeune paysanne.

MONTICELLI

35 — Le Passage du gué.

A figuré à l exposition des œuvres de Monticelli. Salon d'Automne 1908.

Bois. Larg.: 0m70. Haut.: 0m41.

MONTICELLI

36 — Faust et Marguerite.

Bois. Larg,: 0m45. Haut. 0m23.

PÉCRUS (C.)

37 — Laveuses sur la Toucques. Trouville.

PEGURIER (A.)

38 — Paysage de Provence.

PICOU (H.)

39 — Sujet mythologique.

PICOU (H.)

40 — Jeunes filles au bord de la mer.

QUINTON (Cl.)

41 — Moutons au pâturage.

RICHET (Léon)

42 — Route à Barbizon.

RICHTER (C.)

43 — Femme d'Orient.

ROBBE (L.)

44 — Animaux au pêturage.

STEVENS (Alf.)

45 — Avant l'orage. Soleil couchant.

STEVENS (Alf.)

46 — Marine.

STEVENS (Joseph)

47 — Convoitise.

TROYON (Ecole de)

48 — Chien de garde.

VAN ELVEN

49 — Vue de Venise.

VERWÉE (L)

5o — La Liseuse.

VINCENTINO GIUSEPPE

5ı — Raisins et fleurs.

WILHEMS (J.)

5ª — Le Grand Canal à Venise.

WILHEMS (J.)

53 — Le Bassin au Tréport.

ZIEM

54 — Côtes de Provence.

Bois. Larg.: 0ᵐ64. Haut. : 0ᵐ4ı.

ZIEM

55 — Le Bas-Meudon.

Panneau. Larg.: 0ᵐ3ı. Haut.: 0ᵐ22

ZIEM

56 — Chemin en Provence.

Toile. Larg.: 0ᵐ23. Haut.: 0ᵐ32.

ECOLE ANGLAISE

5₇ — La Carrière.

ECOLE FRANÇAISE

58 — Tête de jeune fille.

ECOLE HOLLANDAISE

59 — Les Chasseurs.

ECOLE MODERNE

60 — Bords de rivière.

AQUARELLES, DESSINS, PASTELS

BASTIEN-LEPAGE

61 — Paysage.

Fusain.

BOUDIN (E.)

62 — Sur la plage. Trouville.

Aquarelle.

BOUDIN (E.)

63 — Paysage en Normandie.

Dessin rehaussé.

CARÈS

64 — Marché à Séville.

Aquarelle.

CAZIN (J.-C.)

65 — Route aux environs de Boulogne-sur-Mer.

Fusain.

CHÉRET (J.)

66 — Les Roses.

Dessin rehaussé.

COLIN-LIBOUR

67 — Pensées dans un vase en verre.

Aquarelle.

COROT

68 — Paysage.

Fusain. Larg.: 0ᵐ65. Haut.: 0ᵐ45.

ECOLE 1830

69 — Paysage d'Italie.

Aquarelle.

70 — Mélancolie.

Encre de Chine.

ECOLE FRANÇAISE

71 — Portrait de La Fayette.

Aquarelle.

FALGUIÈRE (A.)

72 — Mon Modèle.

Gouache.

FRANÇAIS (L.)

73 — Femme couchée.

Dessin rehaussé.

FRANÇAIS (L.

74 — Deux paysages.

Dessins.

FORTUNEY

75 — Couloirs de théâtre. Le Vestiaire.

Pastel.

FORTUNEY

76 — Au Bord de la Marne.

Pastel.

GALLIEN-LALOUE

77 — La Porte Saint-Denis.

Gouache.

GARAT (F.)

78 — Vue de Paris.

Aquarelle.

HARPIGNIES

79 — Forêt de Fontainebleau.

Aquarelle.

HERVIER

80 — Village de pêcheurs.

Mine de plomb.

HERVIER

81 — Montmartre.

Aquarelle.

LABAT (G.)

82 — Marine.

Dessin rehaussé.

LALANNE (M.)

83 — Le Canal.

Fusain.

LESSORE (E.)

84 — Réunion dans un parc.

Aquarelle.

RODIN (A.)

85-86 — Deux études.

Dessins rehaussés.

TRAYER (J.)

87 — Jeune Bretonne.

Aquarelle.

VALLANCIENNE (Marg.)

88 — Fleurs.

Aquarelle.

WARGOUTZ (A.)

89 — Giroflées dans un vase.

Aquarelle.

WARGOUTZ (A.)

90 — Bouquet de bleuets.

Aquarelle.

ZIEM

91 — Temple en ruines. Italie.

Aquarelle. Haut.: 0ᵐ28. Larg.: 0ᵐ17.

ÉCOLE ANGLAISE

92 — La Cascade.

Sépia.

~~~~~~~~~~~~~~~

93 — Un lot de dessins, aquarelles, etc.

Sera divisé.

94 — Un important lot de cadres dorés.

Sera divisé.

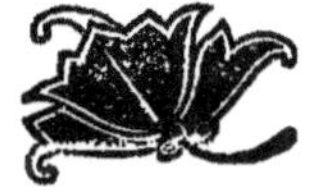
~~~~~~~~~~~~~~~

www.ingramcontent.com/pod-product-compliance
Lightning Source LLC
LaVergne TN
LVHW020900200726
843508LV00003B/1275